Y0-CBD-786

The Rise of the Monkey King
猴王的诞生

A Story in Simplified Chinese and Pinyin,
600 Word Vocabulary Level

Book 1 of the *Journey to the West* Series

Written by Jeff Pepper
Chinese translation by Xiao Hui Wang

Book design by Jeff Pepper
Cover design by Katelyn Pepper
Illustrations by Next Mars Media

ISBN-10: 154466401X
ISBN-13: 978-1544664019

Second Edition, revised July 20, 2018

ACKNOWLEDGMENTS

We are deeply indebted to the late Anthony C. Yu for his incredible four-volume translation, *The Journey to the West* (1983, revised 2012, University of Chicago Press).

Thanks also to Mark Peterson (publisher) and Yung Teng Chia-Yee (author) whose beautiful little Chinese story *The Herd Boy and the Weaving Maid* (牛郎織女 niú láng zhī nǚ) (2013, HSKReaders.com) encouraged us to embark on this project.

And finally, thank you to Xing Chen, Lynn Xiaoling and Kun Zhang for their help in reviewing the manuscript.

AUDIOBOOK AND LEARNING TOOLS

A complete Chinese language audio version of this book is available, free of charge. To access it:

- Visit www.youtube.com
- Search for "Imagin8 Press"
- You will see the audio books for all the books in this series.

You can also find other learning tools on our website:

- Visit www.imagin8press.com
- Under Titles on the main navigation bar, select *Rise of the Monkey King*.
- Scroll down to Free Learning Tools.

PREFACE

Sun Wukong, the Handsome Monkey King, is one of the most famous characters in Chinese literature and culture. His legendary bravery, his foolish mistakes, his sharp-tongued commentary and his yearning for immortality and spiritual knowledge have inspired hundreds of books, television shows, graphic novels, video games and films.

The full story of Sun Wukong's adventures is told in *Journey to the West* (西游记, xī yóu jì), an epic 2,000-page novel written in the 16th Century by Wu Cheng'en. *Journey to the West* is probably the most famous and best-loved novel in China and is considered one of the four great classical novels of Chinese literature. Its place in Chinese literature is roughly comparable to Homer's epic poem *The Odyssey* in Western literature. Wikipedia sums up the book's role perfectly, saying "Enduringly popular, the tale is at once a comic adventure story, a humorous satire of Chinese bureaucracy, a spring of spiritual insight, and an extended allegory in which the group of pilgrims journeys towards enlightenment by the power and virtue of cooperation."

Journey to the West is a very, very long story, consisting of a hundred chapters. It is loosely based on an actual journey by the Buddhist monk Xuanzang who traveled from the Chinese city of Chang'an westward to India in 629 A.D. and returned 17 years later with priceless knowledge and texts of Buddhism. Over the course of the book Xuanzang and his companions face the 81 tribulations that Xuanzang had to endure to attain Buddhahood.

Our little book, *The Rise of the Monkey King*, covers the events in the first two chapters of this epic story. We learn how the little stone monkey is born, becomes king of his troop of monkeys, leaves his home to pursue enlightenment, receives the name Sun Wukong (literally, "ape seeking the void") from his teacher, and returns home to defend his subjects from a ravenous monster. Future books in this series will tell more stories from the life of this famous monkey and his companions.

Because of this story's importance in Chinese culture, we've made every effort to remain faithful to the original while retelling it in simple language suitable for beginning Chinese learners at the HSK 3 level. We have tried to not add or change anything, though of course we've had to leave out a lot of detail. Wherever we use a word or phrase not contained in the 600-word HSK 3 vocabulary (which for example does not include the word "monkey"!) or that has not entered common usage since the HSK lists were created, those new words are defined in footnotes on the page where they first appear. New compound (multi-character) words and expressions are, whenever possible, chosen so that they use characters already in HSK 3. An English version of the story is included for reference at the end, as well as a complete glossary.

In the main body of the book, each page of Chinese characters is matched with a facing page of pinyin. This is unusual for Chinese novels but we feel it's important. By including the pinyin, the English version and the glossary, we hope that every reader, no matter what level of mastery they have of the Chinese language, will be able to understand and enjoy the story we tell here.

Our website, www.imagin8press.com, contains many helpful study aids, including an audio recording of the book, downloadable word lists, study questions and exercises for classroom use, and links to other books you might enjoy, including other books in this series as they become available.

We hope you like this book, and we'd love to hear from you! Write us at info@imagin8press.com.

Jeff Pepper and Xiao Hui Wang
Pittsburgh, Pennsylvania, USA
June 2017

The Rise of the Monkey King
猴王的诞生

Hóu Wáng de Dàn Sheng

Wǒ qīn'ài de háizi, wǒ zhīdào shíjiān hěn wǎn le. Nǐ
wán le yītiān, lèi le, xiànzài shì shuìjiào de shíhou le.
Dànshì nǐ shuō nǐ xiǎng zài shuìjiào qián tīng yī gè
gùshì. Suǒyǐ xiànzài wǒ gěi nǐ jiǎng yī gè hěn lǎo de
guānyú hóuzi de gùshì. Zhè zhǐ hóuzi hěn qiángdà, yě
hěn cōngmíng, dànshì yǒu de shíhou tā yě hěn táoqì.
Tā xūyào qù xuéxí shénme shì ài, qù xuéxí zěnme qù
bāngzhù biérén.

Jǐ qiān nián yǐ qián zhè zhǐ hóuzǐ shēnghuó zài
zhōngguó de běifāng. Zài tā hěn zhǎng de yīshēng
zhōng tā yǒu hěnduō míngzì, dànshì tā zuì yǒumíng
de míngzì shì Sūn Wùkōng.

Rénmen jiǎng le hěnduō guānyú Sūn Wùkōng de
gùshì. Rúguǒ wǒ

猴王的诞生

我亲爱的孩子，我知道时间很晚了。你玩了一天，累了，现在是睡觉的时候了。但是你说你想在睡觉前听一个故事[1]。所以现在我给你讲一个很老的关于猴子[2]的故事。这只猴子很强大，也很聪明，但是有的时候他也很淘气[3]。他需要去学习什么是爱，去学习怎么去帮助别人。

几千年以前这只猴子生活在中国的北方。在他很长的一生中他有很多名字，但是他最有名的名字是孙悟空[4]。

人们讲了很多关于孙悟空的故事。如果我

---

[1] 故事   gùshì – story
[2] 猴子   hóuzi – monkey
[3] 淘气   táoqì – naughty, foolish
[4] 孙悟空 Sūn Wùkōng – (a name)

gàosu nǐ suǒyǒu zhèxiē gùshì, xūyào jiǎng hěnduō tiān! Suǒyǐ jīntiān wǎnshàng wǒ huì gàosu nǐ yī diǎndiǎn guānyú tā de chūshēng hé tā zěnme chéngwéi yī gè dàwáng de gùshì.

Yī kāishǐ, zài dìqiú hěn niánqīng de shíhou, shàngtiān chuàngzào le sì gè dà zhōu: dōng dà zhōu, xi dà zhōu, nán dà zhōu hé běi dà zhōu. Dōng dà zhōu li yǒu yī gè jiào Àolái de guójiā, lí dà hǎi bù yuǎn. Hǎizhōng yǒu yī zuò dà shān, jiù xiàng gōngdiàn lǐ de guówáng yīyàng zhàn zài hǎizhōng. Tā de míngzì jiào Huāguǒ Shān. Shān de sìzhōu shì měilì de sēnlín, sēnlín li yǒu niǎo, dòngwù, lǜlǜ de cǎo, měilì de huā, gāo gāo de guǒshù.

告诉你所有⁵这些故事，需要讲很多天！所以今天晚上我会告诉你一点点关于他的出生⁶和他怎么成为⁷一个大王的故事。

一开始，在地球⁸很年轻的时候，上天⁹创造¹⁰了四个大洲¹¹：东大洲，西大洲，南大洲和北大洲。东大洲里有一个叫傲来¹²的国家，离大海¹³不远。海中有一座¹⁴大山，就像宫殿¹⁵里的国王一样站在海中。它的名字叫花果山。山的四周¹⁶是美丽的森林¹⁷，森林里有鸟，动物，绿绿的草，美丽的花，高高的果树。

5	所有	suǒyǒu – all
6	出生	chūshēng – born
7	成为	chéngwéi – become
8	地球	dìqiú – Earth
9	上天	shàngtiān – Heaven
10	创造	chuàngzào – create
11	洲	zhōu – continent
12	傲来	Àolái – (a country)
13	海	hǎi – sea
14	座	zuo – (measure word)
15	宫殿	gōngdiàn – palace
16	四周	sìzhōu – around
17	森林	sēnlín – forest

海中有一座大山，就像宫殿里的国王一样站在海中。它的名字叫花果山。

Hǎizhōng yǒu yīzuò dàshān, jiù xiàng gōngdiàn lǐ de guówáng yīyàng zhàn zài hǎizhōng. Tā de míngzì jiào Huāguǒ Shān.

In the middle of the ocean was a great mountain that stood in the sea like a king in his palace. It was called Flower Fruit Mountain.

Bǎi tiáo xiǎohé cóng shānzhōng liúxiàng dàhǎi.

Shāndǐng shàng yǒu yī kuài fēicháng dà de shítou, yǒu liù gè dàrén yīyàng gāo, sān gè dàrén dōu bùnéng bǎ shítou bàozhù. Zhè shítou hé dìqiú de niánjì yīyàng dà. Yībǎi wàn nián lái, shàngtiān hé dàdì yīqǐ yǎngyùzhe zhè kuài shítou. Zhōngyú, zài yībǎi wàn nián yǐhòu, shítou huáiyùn le. Shítou dǎkāi, yī gè shí dàn cóng lǐmiàn chūlái. Fēng chuīguò, shí dàn dǎkāi, yī zhǐ xiǎo shíhóu cóng lǐmiàn zǒu le chūlái.

Zhè zhǐ hóuzi hěn xiǎo, dànshì tā kàn shàngqù bùshì xiàng yī zhǐ xiǎo hóuzi. Tā kàn shàngqù xiàng yī zhǐ dà hóuzi. Xiǎo shí hóu měitiān zài wán, pá shàng pá xià, pǎo lái pǎo qù, suǒyǒu de dòngwù dōushì tā de péngyǒu.

百条小河从山中流[18]向大海。

山顶[19]上有一块[20]非常大的石头[21]，有六个大
人一样高，三个大人都不能把石头抱住[22]。
这石头和地球的年纪一样大。一百万年来，
上天和大地一起养育[23]着这块石头。终于，
在一百万年以后，石头怀孕[24]了。石头打开，
一个石蛋从里面出来。风吹[25]过，石蛋打开，
一只小石猴从里面走了出来。

这只猴子很小，但是他看上去不是像一只小
猴子。他看上去像一只大猴子。小石猴每天
在玩，爬上爬下，跑[26]来跑去，所有的动物
都是他的朋友。

---

[18] 流   liú – to flow
[19] 顶   dǐng – top
[20] 块   kuài – (measure word)
[21] 石头   shítou – stone
[22] 抱住   bàozhù – to hug, surround
[23] 养育   yǎngyù – fed, nurtured
[24] 怀孕   huáiyùn – pregnant
[25] 吹   chuī – to blow
[26] 跑   pǎo – to run

Yǒu yītiān, shí hóu zhāng kāi tā de yǎnjīng. Liǎng dào guāng cóng tā de yǎnjīng lǐ fang le chūlái, zhí xiàng tiānshàng. Zài tiānshàng, Yùhuáng Dàdì kànjiàn le zhè liǎng dào guāng. Gōngdiàn lǐ de qítā rén yě kànjiàn le, dōu hěn dānxīn. Dànshì Yùhuáng Dàdì yīdiǎn er yě bù dānxīn, yīnwèi tā zhīdào zhè liǎng dào guāng shì cóng shí hóu nàlǐ lái de. Tā xiàozhe shuō: "Zhèxiē guāng shì cóng yī zhǐ hóuzi nàlǐ lái de, tā shì cóng tiāndì zhòng chūshēng de, bié dānxīn."

Shí hóu kuàilè dì shēnghuó zài Huāguǒ Shān zhōng. Tā hé suǒyǒu zhù zài shān shàng de dòngwù wán. Tā hé tā de dòngwù péngyǒumen yīqǐ guò le hěnduō nián jiǎndān de shēnghuó.

Yǒu yītiān, tiānqì hěn rè, shí hóu hé tā de hóuzi péngyǒumen zài bīnglěng de héshuǐ lǐ wán. Tāmen yòng xiǎo shítou zài shuǐxià zào fángzi. Lèi de shíhou, tāmen jiù zài hé lǐ yóuyǒng xǐzǎo, huò zài hé biān xiūxí.

有一天，石猴张开²⁷他的眼睛。两道光²⁸从他的眼睛里放了出来，直向天上。在天上，玉皇大帝²⁹看见了这两道光。宫殿里的其他人也看见了，都很担心。但是玉皇大帝一点儿也不担心，因为他知道这两道光是从石猴那里来的。他笑着说："这些光是从一只猴子那里来的，他是从天地中出生的，别担心。"

石猴快乐地生活在花果山中。他和所有住在山上的动物玩。他和他的动物朋友们一起过了很多年简单的生活。

有一天，天气很热，石猴和他的猴子朋友们在冰冷的河水里玩。他们用小石头在水下造³⁰房子。累的时候，他们就在河里游泳洗澡，或在河边休息。

11

Yǒu yī zhǐ hóuzi shuō: "Bùzhīdào zhè tiáo hé shì cóng nǎlǐ lái de. Jīntiān wǒmen méiyǒu shénme shìqíng, wǒmen qù zhǎo yī zhǎo ba!"

Tāmen yánzhe hé zǒu shàng shān, pá shàng shítou, hǎnjiàozhe tāmen péngyǒu de míngzì, yī lùshàng xiàozhe wánzhe. Jǐ gè xiǎoshí yǐhòu, tāmen kàndào yī gè dà pùbù. Hěn cháng shíjiān tāmen zuò zài nàlǐ kànzhe pùbù. Zài báitiān, zhè pùbù kànqǐlái xiàng yī tiáo cǎihóng. Zài yuèguāng xià, tā xiàng huǒyàn yīyàng fāzhe guāng. Fùjìn de lǜ shù hēzhe zhè bīnglěng de héshuǐ.

Suǒyǒu de hóuzi dōu hǎnjiào pāishǒu. Tāmen shuō: "Shénqí de shuǐ! Shénqí de shuǐ! Shuí néng jìndào hé lǐ, kàndào pùbù hòumiàn, shuí jiùshì wǒmen de dàwáng!"

Shíhóu tīng le, tiào le qǐlái, dàhǎn: "Wǒ qù! Wǒ

有一只猴子说："不知道这条河是从哪里来的。今天我们没有什么事情，我们去找一找吧！"

他们沿[31]着河走上山，爬上石头，喊叫[32]着他们朋友的名字，一路上笑着玩着。几个小时以后，他们看到一个大瀑布[33]。很长时间他们坐在那里看着瀑布。在白天，这瀑布看起来像一条彩虹[34]。在月光下，它像火焰[35]一样发着光。附近的绿树喝着这冰冷的河水。

所有的猴子都喊叫拍手[36]。他们说："神奇[37]的水！神奇的水！谁能进到河里，看到瀑布后面，谁就是我们的大王！"

石猴听了，跳了起来，大喊："我去！我

---

[31] 沿　　yán – along
[32] 喊叫　hǎnjiào – to call out
[33] 瀑布　pùbù – waterfall
[34] 彩虹　cǎihóng – rainbow
[35] 火焰　huǒyàn – flame
[36] 拍手　pāishǒu – to clap hands
[37] 神奇　shénqí – wondrous, magical

13

几个小时以后，他们看到一个大瀑布。很长时间他们坐在那里看着瀑布。

Jǐ gè xiǎoshí yǐhòu, tāmen kàndào yī gè dà pùbù. Hěn cháng shíjiān tāmen zuò zài nàlǐ kànzhe pùbù.

After many hours they saw a great waterfall. They sat and watched the waterfall for a long time.

qù!" Qīn'ài de hóuzi! Tā bìshàng yǎnjīng, tiào jìn le pùbù.

Pùbù de hòumiàn méiyǒu shuǐ, zhǐyǒu yī gè dà fángjiān, fángjiān lǐmiàn yǒu zuò tiěqiáo. Shuǐ jīngguò qiáoxià liúxiàng pùbù de dǐngshàng.

Shíhóu kànlekàn sìzhōu, fāxiàn tā zài yī gè měilì de shāndòng lǐ. Shāndòng kànqǐlái hěn shūshì, yǒu shí chuáng, shí yǐzi, shí píngzi hé shí bēizi. Shāndòng lǐ hái yǒu hěnduō lǜ shù. Shíhóu fēicháng gāoxìng. Tā xiǎng mǎshàng gàosu tā de péngyǒumen. Suǒyǐ tā bìshàng yǎnjīng, tiàochū shuǐ, zǒuchū shāndòng.

Hóuzimen kànjiàn le tā, tāmen wèn: "Nǐ kàn dào le shénme?" Shíhóu shuō: "Yī gè měilì dì dìfāng, méiyǒu shuǐ, zhǐyǒu yī gè dà de shūshì de fángjiān, fángjiān li yǒu qiáo,

去！"亲爱的猴子！他闭上³⁸眼睛，跳进了
瀑布。

瀑布的后面没有水，只有一个大房间，房间
里面有座铁桥³⁹。水经过桥下流向瀑布的顶
上。

石猴看了看四周，发现他在一个美丽的山洞
⁴⁰里。山洞看起来很舒适⁴¹，有石床，石椅子，
石瓶子和石杯子。山洞里还有很多绿树。石
猴非常高兴。他想马上告诉他的朋友们。所
以他闭上眼睛，跳出水，走出山洞。

猴子们看见了他，他们问："你看到了什
么？"石猴说："一个美丽的地方，没有水，
只有一个大的舒适的房间，房间里有桥、

---

³⁸ 闭上　　bìshàng – to shut, to close up
³⁹ 铁桥　　tiě qiáo – iron bridge
⁴⁰ 山洞　　shāndòng – cave
⁴¹ 舒适　　shūshì – cozy, comfortable

shí chuáng, shí yǐzi, shí bēizi hé shí píngzi. Wǒmen

kěyǐ zhù zài nàlǐ. Wǒmen jiào tā Shuǐlián Dòng ba.

Lái, gēn wǒ yīqǐ qù kànkàn!"

"Hǎo," tā de péngyǒumen gāoxìng de shuō, "nǐ xiān

jìnqù." Shíhóu hǎnzhe: "Gēn wǒ lái!"

Suǒyǒu de hóuzi jìndào fángjiān lǐ yǐhòu, shíhóu zhàn

le qǐlái. Tā shuō: "Nǐmen shuōguò, shuí zhǎodào

zhège dìfāng, shuí jiùshì nǐmen de dàwáng, xiànzài

ràng wǒ chéngwéi nǐmen de dàwáng ba." Ránhòu

měizhǐ hóuzi dōu kāishǐ xiàng shíhóu jūgōng, "Nǐ

xiànzài shì wǒ de dàwáng."

Cóng nèitiān kāishǐ, shíhóu chéngwéi le suǒyǒu hóuzi

de dàwáng. Tā yǒu le yī gè xīnde míngzì: Měi Hóu

Wáng. Dànshì wǒmen háishì jiào tā Hóu Wáng.

石床、石椅子、石杯子和石瓶子。我们可以
住在那里。我们叫它水帘洞[42]吧。来，跟我
一起去看看！"

"好，"他的朋友们高兴地说，"你先进
去。"石猴喊着："跟我来！"

所有的猴子进到房间里以后，石猴站了起来。
他说："你们说过，谁找到这个地方，谁就
是你们的大王，现在让我成为你们的大王
吧。"然后每只猴子都开始向石猴鞠躬[43]，
"你现在是我的大王。"

从那天开始，石猴成为了所有猴子的大王。
他有了一个新的名字：美猴王。但是我们还
是叫他猴王。

---

[42] 水帘洞　　Shuǐlián Dòng – Water Curtain Cave
[43] 鞠躬　　jūgōng – to bow down

19

Hóu Wáng hé tā de péngyǒumen zài Shuǐlián Dòng lǐ zhù le hěn cháng shíjiān, yǒu sān, sì bǎi nián. Měitiān tāmen zài shānshàng wán, měitiān wǎnshàng tāmen zài dòng lǐ shuìjiào. Tāmen dōu fēicháng yúkuài.

Yǒu yītiān, chī dōngxī de shíhou, Hóu Wáng biàn de hěn bù kāixīn, kūle qǐlái. Qítā hóuzi wèn: "Zěnmele?" Hóu Wáng shuō: "Wǒ xiànzài hěn kāixīn, dànshì wǒ hěn dānxīn wǒmen yǐhòu de shēnghuó." Qítā hóuzi xiào le, "Nǐ yīnggāi gǎndào gāoxìng. Wǒmen yǒu yī gè měihǎo de shēnghuó, wǒmen yǒu chī de dōngxi, wǒmen hěn ānquán, wǒmen hěn shūshì. Bié shāngxīn le."

Hóu Wáng shuō: "Shìde, wǒmen jīntiān hěn kāixīn. Dàn yǐhòu wǒmen háishì yào qù jiàn Yánluó Wáng de, nàgè dìyù de wáng. Rúguǒ wǒmen yǐhòu huì sǐ, wǒmen jīntiān zěnme néng kāixīn ne?" Dāng suǒyǒu de hóuzi xiǎngdào sǐ, tāmen dōu kāishǐ kū le.

猴王和他的朋友们在水帘洞里住了很长时间，有三、四百年。每天他们在山上玩，每天晚上他们在洞里睡觉。他们都非常愉快。

有一天，吃东西的时候，猴王变得很不开心，哭了起来。其他猴子问："怎么了？"猴王说："我现在很开心，但是我很担心我们以后的生活。"其他猴子笑了，"你应该感到高兴。我们有一个美好的生活，我们有吃的东西，我们很安全[44]，我们很舒适。别伤心了。"

猴王说："是的，我们今天很开心。但以后我们还是要去见阎罗王[45]的，那个地狱[46]的王。如果我们以后会死，我们今天怎么能开心呢？"当所有的猴子想到死，他们都开始哭了。

---

[44] 安全　ānquán – safety, security
[45] 阎罗王　Yánluó Wáng – Yama, King of the Underworld
[46] 地狱　dìyù – the underworld

Ránhòu yī zhǐ hóuzi tiào qǐlái kūzhe shuō: "Hóu Wáng, nǐ zhīdào ma, shèngrén shì bùhuì qù jiàn Yánluó Wáng de. Tāmen huó de hé tiāndì yīyàng chǎng."

Hóu Wáng shuō: "Wǒ bù zhīdào. Shèngrén zhù zài nǎlǐ?"

"Tāmen zhù zài hěn lǎo de shāndòng lǐ, dànshì wǒ bù zhīdào shāndòng zài nǎlǐ."

"Méi wèntí. Míngtiān wǒ jiù xiàshān qù zhǎo shèngrén, xiàng tā xuéxí. Wǒ huì yīzhí niánqīng, bùhuì qù jiàn Yánluó Wáng de."

Suǒyǒu de hóuzi dōu pāishǒu hǎnzhe: "Tài hǎo le! Tài hǎo le! Míngtiān wǒmen huì qù zhǎo hěnduō shuǐ guǒ, zài nǐ zǒu yǐqián wǒmen yào gěi nǐ kāi yī gè yànhuì."

Dì èr tiān, hóuzimen zhǎodào le hěnduō zhǒng shuǐguǒ hé xiānhuā.

然后一只猴子跳起来哭着说："猴王，你知道吗，圣人[47]是不会去见阎罗王的。他们活得和天地一样长。"

猴王说："我不知道。圣人住在哪里？"

"他们住在很老的山洞里，但是我不知道山洞在哪里。"

"没问题。明天我就下山去找圣人，向他学习。我会一直年轻，不会去见阎罗王的。"

所有的猴子都拍手喊着："太好了！太好了！明天我们会去找很多水果，在你走以前我们要给你开一个宴会[48]。"

第二天，猴子们找到了很多种水果和鲜花。

---

[47] 圣人　　shèngrén – holy sage
[48] 宴会　　yànhuì – banquet

Tāmen bǎ shuǐguǒ hé xiānhuā fàng zài shí zhuō shàng, yòng shí bēizi hējiǔ, chī le hěnduō, hē le hěnduō. Tāmen yīqǐ tiàowǔ, yīqǐ chànggē: chéngwéi yī zhǐ shānhóu shì duōme hǎo. Cóng zǎoshang dào wǎnshàng, tāmen dōu zài chī, hē, chànggē, tiàowǔ. Měigè hóuzi dōu sòng lǐwù gěi Hóu Wáng. Zuìhòu, tāmen jiù qù shuìjiào le.

Zǎoshang, hóuzimen wèi Hóu Wáng zuò le yī tiáo xiǎo chuán. Hóu Wáng shàng le chuán, jīngguò dàhǎi, qù le nán dà zhōu. Tā zǒu le hěnduō tiān, zhōngyú dào le nán dà zhōu de yībiān. Tā tiào xià le chuán, kàndào yīxiē rén zhèngzài diàoyú hé zhǔnbèi chīde dōngxi. Qīn'ài de Hóu Wáng! Tā kànqǐlái hěn kěpà, rénmen kàndào tā dōu pǎo le. Dànshì yǒu yī gè rén pǎo de màn le diǎn'er, Hóu Wáng jiù bǎ nà rén de yīfú tuōxià chuān zài zìjǐ shēnshang. Xiànzài

他们把水果和鲜花放在石桌上，用石杯子喝酒，吃了很多，喝了很多。他们一起跳舞，一起唱歌：成为一只山猴是多么好。从早上到晚上，他们都在吃、喝、唱歌、跳舞。每个猴子都送礼物给<u>猴王</u>。最后，他们就去睡觉了。

早上，猴子们为<u>猴王</u>做了一条小船。<u>猴王</u>上了船，经过大海，去了南大洲。他走了很多天，终于到了南大洲的一边。他跳下了船，看到一些人正在钓鱼⁴⁹和准备吃的东西。亲爱的<u>猴王</u>！他看起来很可怕⁵⁰，人们看到他都跑了。但是有一个人跑得慢了点儿，<u>猴王</u>就把那人的衣服脱下⁵¹穿在自己身上。现在

---

⁴⁹ 钓鱼　　　diàoyú – to fish
⁵⁰ 可怕　　　kěpà – terrible, frightening
⁵¹ 脱下　　　tuōxià – to remove (clothing)

早上，猴子们为<u>猴王</u>做了一条小船。<u>猴王</u>上了船，经过大海，去了南大洲。他走了很多天。

Zǎoshang, hóuzimen wèi Hóu Wáng zuò le yītiáo xiǎochuán. Hóu Wáng shàng le chuán, jīng guo dàhǎi, qùle nán dàzhōu. Tā zǒule hěnduō tiān.

In the morning the monkeys made a small boat for the Monkey King. The Monkey King got into the boat, and crossed the ocean to the Southern Continent. He sailed for many days.

tā kànqǐlái xiàng rén le, dàn yīfú yǒudiǎn dà, yǒudiǎn chǒu.

Hóu Wáng chuān de xiàng gè rén yīyàng de zǒu le hěn cháng shíjiān. Měitiān tā dōu zài zhǎo shèngrén. Dàn tā zhǐ kàndào nàxiē xǐhuan qián hé míng de rén. Hóu Wáng xiǎng, "Tài bùhǎo le! Zhèxiē rén dōu xiǎng yào qián hé míng. Tāmen dōu xiǎng dédào bǐ xiànzài gèngduō de dōngxi. Dànshì tāmen méiyǒu xiǎngdào huì qù jiàn Yánluó Wáng. Tāmen zhēn bèn!"

Hóu Wáng zhǎo le yòu zhǎo. Zhǎo le bā, jiǔ nián. Zuìhòu, tā láidào le nán dà zhōu yìbiān de xīhǎi biān. Tā xiǎng, "Yīdìng yǒu shèngrén shēnghuó zài hǎi de nà yībiān." Suǒyǐ tā yòu zuò le yītiáo xiǎo chuán, yòu zǒu le hěnduō tiān, lái dào le xi dà zhōu de yībiān.

Tā yòu zài yīcì de zài nàlǐ zhǎo shèngrén. Tā jiàndào le hěnduō kěpà de dòngwù, dànshì Hóu Wáng dōu bù pà.

他看起来像人了，但衣服有点大，有点丑[52]。

猴王穿得像个人一样的走了很长时间。每天他都在找圣人。但他只看到那些喜欢钱和名的人。猴王想，"太不好了！这些人都想要钱和名。他们都想得到比现在更多的东西。但是他们没有想到会去见阎罗王。他们真笨[53]！"

猴王找了又找。找了八、九年。最后，他来到了南大洲一边的西海边。他想，"一定有圣人生活在海的那一边。"所以他又做了一条小船，又走了很多天，来到了西大洲的一边。

他又再一次的在那里找圣人。他见到了很多可怕的动物，但是猴王都不怕。

---

[52] 丑   chǒu – ugly
[53] 笨   bèn – stupid, foolish

29

Yǒu yītiān, tā láidào yī gè yǒu gāodà shùmù sēnlín de
měilì dà shān. Tā tīngdào hěnduō héliú de shuǐ
shēng, "Duōme měilì de dìfāng!" Tā xiǎng, "Yīdìng
yǒu shèngrén zài zhèlǐ shēnghuó."

Tā zǒu jìn le sēnlín, tīng dào yī gè rén zhèngzài
chànggē, shì yī shǒu guānyú tā zìjǐ de kuàilè jiǎndān
de shēnghuó de gē. Nà rén chàngzhe:

"Wǒ kǎn mùtou, wǒ mài mùtou.

Wǒ mǎi yīdiǎn mǐ, yīdiǎn jiǔ.

Wǒ shuì zài shùlín zhōng,

Dàdì shì wǒ de chuáng,

Wǒ de tóu zhěnzhe shù gēn.

Wǒ hěn róngyì xiào,

Wǒ bù dānxīn.

有一天，他来到一个有高大树木森林的美丽
大山。他听到很多河流的水声，"多么美丽
的地方！"他想，"一定有圣人在这里生
活。"

他走进了森林，听到一个人正在唱歌，是一
首关于他自己的快乐简单的生活的歌。那人
唱着：

"我砍[54]木头[55]，我卖木头。

我买一点米，一点酒。

我睡在树林中，

大地是我的床，

我的头枕[56]着树根[57]。

我很容易笑，

我不担心。

---

[54] 砍　　kǎn – to cut, to chop
[55] 木头　　mùtou – wood
[56] 枕　　zhěn – pillow
[57] 根　　gēn – root

他走进了森林，听到一个人正在唱歌，是一首关于他自己的快乐简单的生活的歌。

Tā zǒu jìnle sēnlín, tīng dào yī gè rén zhèngzài chànggē, shì yī shǒu guānyú tā zìjǐ de kuàilè jiǎndān de shēnghuó de gē.

He walked into the forest. He heard a man singing about his happy and simple life.

Wǒ méiyǒu shénme dǎsuàn.

Wǒ de shēnghuó jiǎndān kuàilè!"

Hóu Wáng tīngdào zhè shǒu gē de shíhóu xiǎng, "Zhè shì yī gè shèngrén!" Tā pǎoqù jiàn nàgè rén, shuō: "A, shénxiān, a, shénxiān."

Nàgè rén xiàng hòu tiào qù, dà hǎn: "Wǒ zhǐshì yī gè lǎorén. Wǒ méiyǒu qián, méiyǒu fángzi, méiyǒu jǐ jiàn yīfú. Nǐ wèishénme jiào wǒ shénxiān?"

"Wǒ tīngdào le nǐde gē, nǐ gē lǐ dehuà dōu shì shénxiān shuō dehuà. Qǐng jiào wǒ."

Nà rén xiào le, "Wǒde péngyǒu, ràng wǒ gàosu nǐ, wǒ cóng wǒde línjū nàlǐ xué le zhè shǒu gē. Tā gàosu wǒ dāng wǒ dānxīn huòzhě shāngxīn de shíhou, jiù chàng zhè shǒu gē. Gāngcái wǒ hěn

我没有什么打算。

我的生活简单快乐！"

猴王听到这首歌的时候想，"这是一个圣人！"他跑去见那个人，说："啊，神仙[58]，啊，神仙。"

那个人向后跳去，大喊："我只是一个老人。我没有钱，没有房子，没有几件衣服。你为什么叫我神仙？"

"我听到了你的歌，你歌里的话都是神仙说的话。请教我。"

那人笑了，"我的朋友，让我告诉你，我从我的邻居那里学了这首歌。他告诉我当我担心或者伤心的时候，就唱这首歌。刚才我很

---

dānxīn, suǒyǐ jiù chàng le zhè shǒu gē, dànshì wǒ bùshì shénxiān!"

Hóu Wáng shuō: "Rúguǒ nǐ de línjū shì shénxiān, nǐ wèishénme hái zài zhèlǐ? Nǐ yīnggāi gēn tā xuéxí."

"Wǒ bùnéng. Wǒde bàba sǐ le, wǒde māmā xiànzài shì yī gè rén shēnghuó. Wǒ méiyǒu xiōngdì jiěmèi qù bāngzhù tā. Xiànzài tā hěn lǎo le, suǒyǐ wǒ bìxū qù bāngzhù tā. Wǒ bùnéng qù xuéxí chéngwéi shénxiān."

"Wǒ míngbái le," Hóu Wáng shuō, "nǐ shì yī gè hǎorén. Qǐng gàosu wǒ zěnme zhǎodào shénxiān zhù de dìfāng, zhèyàng wǒ kěyǐ qù jiàn tā."

"Bù yuǎn. Tā zhù zài Língtái Fāngcùn shān zhōng Xiéyuè Sānxīng dòng lǐ. Tā yǒu hěnduō xuéshēng. Tā zhù de dìfāng lí zhèlǐ qī,

担心，所以就唱了这首歌，但是我不是神仙！"

猴王说："如果你的邻居是神仙，你为什么还在这里？你应该跟他学习。"

"我不能。我的爸爸死了，我的妈妈现在是一个人生活。我没有兄弟姐妹去帮助她。现在她很老了，所以我必须去帮助她。我不能去学习成为神仙。"

"我明白了，"猴王说，"你是一个好人。请告诉我怎么找到神仙住的地方，这样我可以去见他。"

"不远。他住在灵台方寸[59]山中斜月三星[60]洞里。他有很多学生。他住的地方离这里七、

---

[59] 灵台方寸 Língtái Fāngcùn – Mountain of Mind and Heart
[60] 斜月三星 Xiéyuè Sānxīng – Crescent Moon and Three Stars

bā lǐ yuǎn. Yánzhe zhè tiáo lù zǒu, nǐ jiù huì kàndào tā de."

"Xièxiè nǐ," Hóu Wáng shuō, "wǒ bùhuì wàngjì nǐ de."

Hóu Wáng zǒu le qī, bā lǐ lù, dàole yī gè shāndòng. Shāndòng de shàngmiàn yǒu yī kuài dà shítou. Shítou shàng xiězhe "Língtái Fāngcùn shān", "Xiéyuè Sānxīng dòng". Hóu Wáng hěn gāoxìng, tā xiǎng, "Zhège dìfāng de rén jiǎng de shì zhēnhuà. Zhè jiùshì wǒ yào zhǎo de shāndòng!" Dànshì tā méiyǒu jìn shāndòng. Tā pádào yī kē shù shàng, yībiān wán yībiān děng.

Guò le yīhuǐ'er, shāndòng de mén kāi le, yī gè piàoliang de niánqīng rén zǒu le chūlái. "Shuí zài zhèlǐ zhǎo máfan?" tā wèn. Hóu Wáng cóng shùshàng xiàlái, shuō: "Shénxiān dìdì, wǒ shì lái xuéxí de. Wǒ bùhuì gěi nǐ zhǎo máfan de."

Niánqīng rén xiào le, "Nǐ shì lái zhǎo chángshēng de bànfǎ ma?"

八里远。沿着这条路走，你就会看到它的。"

"谢谢你，"<u>猴王</u>说，"我不会忘记你的。"

<u>猴王</u>走了七、八里路，到了一个山洞。山洞的上面有一块大石头。石头上写着"<u>灵台方寸山</u>"，"<u>斜月三星洞</u>"。<u>猴王</u>很高兴，他想，"这个地方的人讲的是真话。这就是我要找的山洞！"但是他没有进山洞。他爬到一棵树上，一边玩一边等。

过了一会儿，山洞的门开了，一个漂亮的年轻人走了出来。"谁在这里找麻烦[61]？"他问。<u>猴王</u>从树上下来，说："神仙弟弟，我是来学习的。我不会给你找麻烦的。"

年轻人笑了，"你是来找长生的办法吗？"

[61] 麻烦   máfan – trouble

"Shì de."

"Wǒde lǎoshī gāng kāishǐ shàngkè, dànshì zài tā kāishǐ yǐqián, tā gàosu wǒ qù wéi yī gè xīn xuéshēng kāimén. Nǐ yīdìng shì nàgè xīn xuéshēng!"

Hóu Wáng xiàoxiào, shuō: "Shìde, jiùshì wǒ."

"Hǎo ba, qǐng gēn wǒ lái ba."

Hóu Wáng hé niánqīng rén zǒu jìn le shāndòng. Jīngguò hěnduō piàoliang de fángjiān hòu, tāmen jiàn dào le Pútí zǔshī, tā zhèngzài gěi sānshí duō gè xuéshēng shàngkè.

Hóu Wáng duōcì jūgōng, shuō: "Zǔshī, wǒ shì nín de xīn xuéshēng. Qǐngjiào wǒ!"

"是的。"

"我的老师刚开始上课，但是在他开始以前，他告诉我去为一个新学生开门。你一定是那个新学生！"

猴王笑笑，说："是的，就是我。"

"好吧，请跟我来吧。"

猴王和年轻人走进了山洞。经过很多漂亮的房间后，他们见到了菩提[62]祖师[63]，他正在给三十多个学生上课。

猴王多次鞠躬，说："祖师，我是您的新学生。请教我！"

---

[62] 菩提　　Pútí – Subodhi or Bodhi (name of a Buddhist teacher)
[63] 祖师　　zǔshī – founder, great teacher

Zǔshī shuō: "Nǐ shì cóng nǎlǐ lái de? Gàosu wǒ nǐ de míngzì hé nǐ de guójiā."

"Nín de xuéshēng láizì dōng dà zhōu de Àolái guó zhōng Huāguǒ Shān li de Shuǐlián Dòng."

"Mǎshàng líkāi!" Pútí zǔshī hǎnzhe, "Nǐ méiyǒu shuō zhēnhuà. Huāguǒ Shān lí zhèli yǒu liǎng gè hǎi hé yī gè dōng dà zhōu. Nǐ zěnme kěnéng dào zhèlǐ?"

Hóu Wáng duōcì jūgōng, huídá shuō: "Nín de xuéshēng zǒu le shí nián, jīngguò dà zhōu hé dàhǎi lái jiàn nín zhè wèi zǔshī."

Pútí zǔshī fàngxīn le, xiàozhe shuō, "Wǒ míngbái le. Nǐ de xìng shì shénme?" "Wǒ méiyǒu xìngzi. Rúguǒ nǐ mà wǒ, wǒ bù shēngqì. Rúguǒ nǐ dǎ wǒ, wǒ bù gēn nǐ dǎ.

祖师说："你是从哪里来的？告诉我你的名
字和你的国家。"

"您的学生来自东大洲的<u>傲来</u>国中<u>花果山</u>里
的<u>水帘洞</u>。"

"马上离开！"<u>菩提</u>祖师喊着，"你没有说
真话。<u>花果山</u>离这里有两个海和一个东大洲。
你怎么可能到这里？"

<u>猴王</u>多次鞠躬，回答说："您的学生走了十
年，经过大洲和大海来见您这位祖师。"

<u>菩提</u>祖师放心了，笑着说，"我明白了。你
的姓是什么？""我没有性子⁶⁴。如果你骂⁶⁵
我，我不生气。如果你打我，我不跟你打。

---

⁶⁴ 性子　　　xìngzi – temper 性 sounds like 姓 (surname)
⁶⁵ 骂　　　　mà – scold

43

Wǒ zhǐ shuō yǒuhǎo de huà."

"Bèn hóuzi! Wǒ wèn nǐ de xìng, bùshì nǐ de xìngzi!"

"A, duìbùqǐ! wǒ méiyǒu xìng, yīnwèi wǒ méiyǒu bàba mmāmā."

"Nǐ shì cóng shùshàng shēng chūlái de ma?"

"Bùshì shù, zǔshī. Shì shítou. Huāguǒ Shān shàng de shítou."

Tīngdào zhè huà de shíhou, Pútí zǔshī hěn gāoxìng, "Nàme nǐ de bàba māmā jiùshì tiān hé di. Ràng wǒ kànkàn nǐ shì zěnme zǒulù de."

Hóu Wáng zhàn le qǐlái. Tā hái xiàng rén nàyàng chuānzhe yīfú, dàn

我只说友好的话。"

"笨猴子！我问你的姓，不是你的性子！"

"啊，对不起！我没有姓，因为我没有爸爸妈妈。"

"你是从树上生出来的吗？"

"不是树，祖师，是石头，花果山上的石头。"

听到这话的时候，菩提祖师很高兴，"那么你的爸爸妈妈就是天和地。让我看看你是怎么走路的。"

猴王站了起来。他还像人那样穿着衣服，但

tā zǒu qǐ lù lái xiàng zhǐ hóuzi. Pútí zǔshī xiào le, "Nǐ zǒulù xiàng hóuzi, nǐ de liǎn bù piàoliang, nǐ xiàng yī zhǐ húsūn. Suǒyǐ nǐ yīnggāi xìng Sūn."

"Xièxiè nín, zǔshī! Xiànzài wǒ zhīdàole wǒ de xìng. Qǐng gàosu wǒ wǒde míngzì."

Pútí zǔshī shuō: "Zài wǒ de xuéxiào lǐ, xuéshēng de míngzì shì cóng shí'èr gè zì lǐ gěi de. Nǐ shì dì shí gè lái de, dì shí gè zì shì wù, yìsi shì míngbái. Yīnwèi nǐ xiǎng zhǎo zhēnxiàng, wǒ jiù jiào nǐ Wùkōng."

"Tài hǎo le! Wǒ xiànzài jiào Sūn Wùkōng le. Xièxiè zǔshī!"

Cóng nà yītiān qǐ, Sūn Wùkōng měitiān dōu hé zǔshī yīqǐ xuéxí. Tā zài shāndòng lǐ zhù le qī nián. Dì qī nián de yītiān, Pútí

他走起路来像只猴子。菩提祖师笑了，"你
走路像猴子，你的脸不漂亮，你像一只猢狲[66]。
所以你应该姓孙。"

"谢谢您，祖师！现在我知道了我的姓。请
告诉我我的名字。"

菩提祖师说："在我的学校里，学生的名字
是从十二个字里给的。你是第十个来的，第
十个字是悟，意思是明白。因为你想找真相[67]，
我就叫你悟空[68]。"

"太好了！我现在叫孙悟空了。谢谢祖师！"

从那一天起，孙悟空每天都和祖师一起学习。
他在山洞里住了七年。第七年的一天，菩提

---

[66] 猢狲　　　húsūn – ape
[67] 真相　　　zhēnxiàng – truth, wisdom
[68] 悟空　　　Wùkōng – seeking wisdom (a name)

zǔshī duì Sūn Wùkōng shuō: "Zài wǒ de xuéxiào li
yǒu sānbǎi liùshí zhǒng bù yīyàng de bànfǎ. Měi
zhǒng bànfǎ dōu néng dài nǐ zǒu xiàng zhìhuì. Nǐ
xiǎng xué nǎ yī zhǒng?"

"Zǔshī ràng wǒ xué shénme wǒ jiù xué shénme," Sūn
Wùkōng huídá shuō.

Pútí zǔshī gàosu Sūn Wùkōng sānbǎi liùshí zhǒng
bànfǎ zhōng de měi yīzhǒng. Tā shuō le hěn cháng
shíjiān. Měicì Pútí zǔshī shuō yī zhǒng bànfǎ, Sūn
Wùkōng jiù huì wèn: "Rúguǒ wǒ xué zhè zhǒng
bànfǎ, wǒ huì chéngwéi shénxiān ma?" Měicì zǔshī
dōu huídá: "Bù huì." Ránhòu měicì Sūn Wùkōng
shuō: "Nà wǒ jiù bù xué zhè zhǒng bànfǎ."

Pútí zǔshī hěn shēngqì, duì Sūn Wùkōng hǎn: "Nǐ zhè
zhǐ hóuzi! Wǒ yǐjīng gàosu nǐ hěnduō néng zǒu xiàng
zhìhuì de bànfǎ, dànshì nǐ shénme dōu bùxiǎng yào,
shénme dōu bùxiǎng xué." Tā

祖师对孙悟空说："在我的学校里有三百六十种不一样的办法。每种办法都能带你走向智慧[69]。你想学哪一种？"

"祖师让我学什么我就学什么，"孙悟空回答说。

菩提祖师告诉孙悟空三百六十种办法中的每一种。他说了很长时间。每次菩提祖师说一种办法，孙悟空就会问："如果我学这种办法，我会成为神仙吗？"每次祖师都回答："不会。"然后每次孙悟空说："那我就不学这种办法。"

菩提祖师很生气，对孙悟空喊："你这只猴子！我已经告诉你很多能走向智慧的办法，但是你什么都不想要，什么都不想学。"他

---

[69] 智慧　　zhìhuì – wisdom

zài Sūn Wùkōng tóu shàng dǎ le sān xià. Ránhòu tā
bǎ shǒu fang zài shēntǐ hòumiàn, zǒu jìn tāde
fángjiān, guānshàng le mén.

Qítā xuéshēng tīngdào zhèxiē, dōu hěn shēngqì,
yīnwèi Sūn Wùkōng ràng zǔshī shēngqì. Dànshì Sūn
Wùkōng yīdiǎn'er bù shēngqì yě méiyǒu bù kāixīn. Tā
rènwéi zǔshī gàosu le tā yī gè mìmì. Yīnwèi zǔshī zài
tāde tóu shàng dǎ le sān xià, tā rènwéi zhè yìsi shì
"děngdào sān gēng" de shíhou, yě jiùshì cóng
wǎnshàng shí yī diǎn kāishǐ. Zǔshī bǎ shǒu fàng zài
shēntǐ hòumiàn, tā rènwéi zhè yìsi shì "cóng hòumén
jìn wǒ de fángjiān, wǒ kěyǐ jiào nǐ."

Suǒyǐ nàtiān wǎnshàng gāng dào sān gēng, Sūn
Wùkōng zǒuchū fángjiān, lái dào wàimiàn. Tā zǒudào
hòumén, mén kāizhe, tā zǒu jìnqù. Zǔshī zhèngzài
chuángshàng shuìjiào. Sūn Wùkōng jiù zuò xiàlái
děng zǔshī

在孙悟空头上打了三下。然后他把手放在身体后面，走进他的房间，关上了门。

其他学生听到这些，都很生气，因为孙悟空让祖师生气。但是孙悟空一点儿不生气也没有不开心。他认为祖师告诉了他一个秘密[70]。因为祖师在他的头上打了三下，他认为这意思是"等到三更[71]"的时候，也就是从晚上十一点开始。祖师把手放在身体后面，他认为这意思是"从后门进我的房间，我可以教你。"

所以那天晚上刚到三更，孙悟空走出房间，来到外面。他走到后门，门开着，他走进去。祖师正在床上睡觉。孙悟空就坐下来等祖师

---

[70] 秘密   mìmì – a secret
[71] 更   gēng – watch (one of a series of 2-hour periods throughout the night, the first watch starting at 7:00 pm)

xǐng lái.

Dāng zǔshī xǐng lái de shíhou, tā kànjiàn Sūn Wùkōng, xiàozhe shuō: "Nǐ zhè hóuzi, nǐ wèishénme zài zhè'er?"

"Zǔshī," Sūn Wùkōng shuō, "zuótiān nǐ gàosu le wǒ yī gè mìmì, nǐ yào wǒ děngdào sān gēng, ránhòu jīngguò hòumén dào nǐ de fángjiān. Xiànzài wǒ zài zhèlǐ, qǐng jiào wǒ chángshēng de mìmì."

Pútí zǔshī zài Sūn Wùkōng ěrbiān shuō le yī shǒu shī, shī li yǒu chángshēng de mìmì. Dāngrán, wǒ bùnéng gàosu nǐ zhè shǒu shī shì shénme, yīnwèi tā shì yī gè mìmì.

Sūn Wùkōng tīngdào zhè shǒu shī hòu, měitiān duōcì dúzhe zhè shǒu shī. Tā jì zhù le shī lǐ de měi yī gè zì, tā xuézhe shī lǐ de dōngxi qù zuò, tā kāishǐ xuéxí chángshēng de mìmì.

醒来[72]。

当祖师醒来的时候，他看见<u>孙悟空</u>，笑着说：
"你这猴子，你为什么在这儿？"

"祖师，"<u>孙悟空</u>说，"昨天你告诉了我一
个秘密，你要我等到三更，然后经过后门到
你的房间。现在我在这里，请教我长生的秘
密。"

<u>菩提</u>祖师在<u>孙悟空</u>耳边说了一首诗，诗里有
长生的秘密。当然，我不能告诉你这首诗是
什么，因为它是一个秘密。

<u>孙悟空</u>听到这首诗后，每天多次读着这首诗。
他记住了诗里的每一个字，他学着诗里的东
西去做，他开始学习长生的秘密。

---

72 醒来   xǐng lái – to wake up

Dànshì sān nián hòu, Pútí zǔshī duì Sūn Wùkōng shuō: "Wǒ qīn'ài de xuéshēng, nǐ yào xiǎoxīn. Nǐ yǐjīng xuéhuì le tiāndì de mìmì, dànshì xiànzài nǐ zài wéixiǎn zhōng. Dāngrán, nǐ huì chángshēng. Dànshì wǔ bǎi nián yǐhòu de jīntiān, shàngtiān huì gěi nǐ sòng qù léidiàn. Yào yòng nǐ de zhìhuì qù bìkāi léidiàn, rúguǒ bù nàyàng zuò nǐ huì sǐ. Léidiàn de wǔ bǎi nián hòu, shàngtiān huì gěi nǐ sòng qù huǒyàn. Yào yòng nǐ de zhìhuì qù bìkāi huǒyàn, rúguǒ bù nàyàng zuò nǐ huì sǐ. Huǒyàn de wǔ bǎi nián hòu, shàngtiān huì gěi nǐ sòng qù dàfēng. Tā huì dào nǐ de tóu li, jīngguò nǐ de shēntǐ. Yào yòng nǐ de zhìhuì qù bìkāi dàfēng, rúguǒ bù nàyàng zuò nǐ huì sǐ."

Sūn Wùkōng hàipà jí le, máofǎ dōu zhí le qǐlái, "Zǔshī, qǐng bāng wǒ bìkāi zhè sān jiàn shì. Wǒ bù huì wàngjì nǐ de."

"Bié dānxīn," zǔshī shuō, "zhège shìjiè shàng méiyǒu shén

但是三年后，菩提祖师对孙悟空说："我亲爱的学生，你要小心。你已经学会了天地的秘密，但是现在你在危险[73]中。当然，你会长生。但是五百年以后的今天，上天会给你送去雷电[74]。要用你的智慧去避开[75]雷电，如果不那样做你会死。雷电的五百年后，上天会给你送去火焰。要用你的智慧去避开火焰，如果不那样做你会死。火焰的五百年后，上天会给你送去大风。它会到你的头里，经过你的身体。要用你的智慧去避开大风，如果不那样做你会死。"

孙悟空害怕极了，毛发都直了起来，"祖师，请帮我避开这三件事。我不会忘记你的。"

"别担心，"祖师说，"这个世界上没有什

---

[73] 危险　　wéixiǎn – danger
[74] 雷电　　léidiàn – lightning
[75] 避开　　bìkāi – to avoid

me shìqíng shì hěn nán de. Zhǐyǒu nǐ bǎ tā xiǎng de

hěn nán." Ránhòu, Pútí zǔshī zài Sūn Wùkōng de

ěrbiān shuō le yī gè mìmì. Sūn Wùkōng tīng le yǐhòu,

hěn kuài tā xuéhuì le jīndǒu yún. Tā yī gè jīndǒu yún

kěyǐ fēiguò shí wàn bā qiān lǐ. Xiànzài tā kěyǐ bìkāi

tiānshàng de léidiàn, huǒyàn hé dàfēng. Tā kěyǐ

chángshēng le.

Tā zài Pútí zǔshī nàlǐ yòu zhù le hěnduō nián. Yǒu

yītiān, zǔshī duì Sūn Wùkōng shuō: "Nǐ jīntiān bìxū

líkāi. Nǐ yīzhí zài gěi qítā xuéshēng zhǎo máfan."

"Wǒ yīnggāi qù nǎlǐ ne?" Sūn Wùkōng shāngxīn de

shuō.

"Huí nǐde jiā, cóng nǎlǐ lái jiù huí nǎlǐ qù." Sūn

Wùkōng hěn shāngxīn, yī gè jīndǒu yún jiù líkāi le.

Tā zǒu de fēicháng kuài, yī gè xiǎoshí yǐhòu, tā jiù

huídào le

么事情是很难的。只有你把它想得很难。"

然后，菩提祖师在孙悟空的耳边说了一个秘

密。孙悟空听了以后，很快他学会了筋斗云[76]。

他一个筋斗云可以飞过十万八千里。现在他

可以避开天上的雷电，火焰和大风。他可以

长生了。

他在菩提祖师那里又住了很多年。有一天，

祖师对孙悟空说："你今天必须离开。你一

直在给其他学生找麻烦。"

"我应该去哪里呢？"孙悟空伤心地说。

"回你的家，从哪里来就回哪里去。"孙悟

空很伤心，一个筋斗云就离开了。

他走得非常快，一个小时以后，他就回到了

筋斗云 jīndǒu yún – cloud somersault

Huāguǒ Shān Shuǐlián Dòng lǐ de jiā. Tā tīngdào hóuzimen de shēngyīn, "Háizimen, wǒ huílái le," tā shuō. Hěn kuài, hěnduō hěnduō de hóuzi pǎo lái huānyíng Sūn Wùkōng. Tāmen wèn: "Nǐ wèishéme zǒu le? Zhǐyǒu wǒmen zìjǐ zài zhèlǐ, wǒmen yīzhí zài děng nǐ huílái. Zuìjìn, zhè li yǒu yī gè yāoguài, tā xiǎng yào wǒmen de shāndòng, tā dài zǒu le wǒmen de hěnduō péngyǒu. Wǒmen fēicháng dānxīn. Dàn xiànzài wǒmen hěn gāoxìng, yīnwèi wǒmen de dàwáng huílái le."

Sūn Wùkōng hěn shēngqì, "Gàosu wǒ zhège wúfǎwútiān de yāoguài. Wǒ huì zhǎodào tā de."

"Tā zhù zài běimiàn. Wǒmen bù zhīdào yǒu duō yuǎn. Tā lái shí xiàng yún, qùshí xiàng fēng."

"Bié dānxīn, wǒ huì zhǎodào tā de." Sūn Wùkōng tiào qǐlái, yī gè jīndǒu yún xiàng běimiàn qù le, tā láidào le yīzuò gāoshān.

花果山水帘洞里的家。他听到猴子们的声音，"孩子们，我回来了，"他说。很快，很多很多的猴子跑来欢迎孙悟空。他们问："你为什么走了？只有我们自己在这里，我们一直在等你回来。最近，这里有一个妖怪[77]，他想要我们的山洞，他带走了我们的很多朋友。我们非常担心。但现在我们很高兴，因为我们的大王回来了。"

孙悟空很生气，"告诉我这个无法无天[78]的妖怪。我会找到他的。"

"他住在北面。我们不知道有多远。他来时像云，去时像风。"

"别担心，我会找到他的。"孙悟空跳起来，一个筋斗云向北面去了，他来到了一座高山。

---

[77] 妖怪　　　yāoguài – monster
[78] 无法无天　wúfǎwútiān – lawless (literally, "no law no heaven")

Kàn dàole yīxiē xiǎo yāoguài, tā zhīdào zhè jiùshì
yāoguài de jiā. Tā duì xiǎo yāoguài shuō: "Wǒ shì
Huāguǒ Shān de Hóu Wáng. Nǐmen de dàwáng ne?
Wǒ bùxiǎng zhīdào tāde míngzì. Tā zhǎo wǒ
péngyǒumen de máfan, wǒ yào hé tā shuōhuà." Xiǎo
yāoguài pǎojìn shāndòng lǐ, gàosu dà yāoguài,
"Wàimiàn yǒu yī zhǐ hěn chǒu de hóuzi. Tā shuō tā
shì yī gè dàwáng. Tā yào hé nǐ shuōhuà."

Yāoguài zhǐshì dàxiào, "Wǒ jīngcháng tīngdào zhèxiē
hóuzi shuōqǐ tāmen de dàwáng, tā zài wàimiàn gēn
zǔshī xuéxí. Nàgè dàwáng yīzhí bùzài zhèlǐ. Xiànzài tā
yǐjīng huílái le ma?" Yāoguài ná qǐ tā de wāndāo,
zǒuchū shāndòng, shuō: "Huāguǒ Shān de dàwáng
zài nǎlǐ?"

"Yāoguài, nǐde yǎnjīng hěn dà, dàn zěnme jiù méiyǒu
kàn dào wǒ zhè zhǐ lǎo hóuzi?"

"Lǎo hóu, nǐ hěn xiǎo. Nǐ wèishénme zhèyàng gēn wǒ
shuōhuà?"

看到了一些小妖怪，他知道这就是妖怪的家。他对小妖怪说："我是<u>花果山</u>的<u>猴王</u>。你们的大王呢？我不想知道他的名字。他找我朋友们的麻烦，我要和他说话。"小妖怪跑进山洞里，告诉大妖怪，"外面有一只很丑的猴子。他说他是一个大王。他要和你说话。"

妖怪只是大笑，"我经常听到这些猴子说起他们的大王，他在外面跟祖师学习。那个大王一直不在这里。现在他已经回来了吗？"妖怪拿起他的弯刀[79]，走出山洞，说："<u>花果山</u>的大王在哪里？"

"妖怪，你的眼睛很大，但怎么就没有看到我这只老猴子？"

"老猴，你很小。你为什么这样跟我说话？"

---

[79] 弯刀　　　wāndāo – scimitar, machete

"Nǐ shénme dōu kànbùdào, bèn yāoguài. Nǐ shuō wǒ hěn xiǎo, dàn rúguǒ wǒ xiǎngdehuà, wǒ kěyǐ cóng tiānshàng bǎ yuèliàng ná xiàlái."

Yāoguài dàjiào, tā kāishǐ hé Sūn Wùkōng dǎ. Tāmen dǎ le hěn cháng shíjiān. Yāoguài yòng tāde wāndāo kǎn Sūn Wùkōng, Sūn Wùkōng mǎshàng jiùyào shū le, suǒyǐ tā mǎshàng cóng tāde tóushàng bá le jǐ gēn máofǎ, zài zuǐ lǐ jué le yīxià, ránhòu bǎ tāmen tǔ chūlái, biànchéng le jǐ bǎi zhǐ xiǎo hóuzi. Xiǎo hóuzi yīqǐ bāng Sūn Wùkōng dǎ yāoguài. Dǎ le yīxiē shíjiān, Sūn Wùkōng hé xiǎo hóuzi yíng le, yāoguài sǐ le. Ránhòu Sūn Wùkōng chīle máofǎ, xiǎo hóuzi yòu huí dào le Sūn Wùkōng de shēntǐ lǐ.

Dànshì yǒuxiē xiǎo hóuzi méiyǒu huí dào Sūn Wùkōng de shēntǐ lǐ. Zhèxiē shì bèi yāoguài dàilái de hóuzi. Sūn Wùkōng duì tāmen shuō: "Nǐmen wèishénme zài zhèlǐ?"

"你什么都看不到，笨妖怪。你说我很小，但如果我想的话，我可以从天上把月亮拿下来。"

妖怪大叫，他开始和<u>孙悟空</u>打。他们打了很长时间。妖怪用他的弯刀砍<u>孙悟空</u>，<u>孙悟空</u>马上就要输[80]了，所以他马上从他的头上拔[81]了几根毛发，在嘴里嚼[82]了一下，然后把他们吐[83]出来，变成了几百只小猴子。小猴子一起帮<u>孙悟空</u>打妖怪。打了一些时间，<u>孙悟空</u>和小猴子赢[84]了，妖怪死了。然后<u>孙悟空</u>吃了毛发，小猴子又回到了<u>孙悟空</u>的身体里。

但是有些小猴子没有回到<u>孙悟空</u>的身体里。这些是被妖怪带来的猴子。<u>孙悟空</u>对他们说："你们为什么在这里？"

---

[80]	输	shū – to lose
[81]	拔	bá – to pull
[82]	嚼	jué – to chew
[83]	吐	tǔ – to spit
[84]	赢	yíng – to win

妖怪大叫，他开始和<u>孙悟空</u>打。他们打了很长时间

Yāoguài dàjiào, tā kāishǐ hé Sūn Wùkōng dǎ.
Tāmen dǎ le hěn cháng shíjiān.

Then the monster shouted, and he began to fight with Sun Wukong. They fought for a long time.

Tāmen shuō: "Dàwáng zǒu le yǐhòu, yāoguài láidào Huāguǒ Shān. Zhè liǎng nián, tā jīngcháng lái, dàizǒu le wǒmen de yīxiē hóuzi. Nǐ kàn, zhè li yǒu yīxiē cóng wǒmen Shuǐlián Dòng lǐ ná lái de shí pén hé shí wǎn!"

"Dàjiā dōu gēn wǒ huí jiā," Sūn Wùkōng shuō.

"Dàwáng," tāmen shuō, "wǒmen shì hé yāoguài yīqǐ lái zhèlǐ de. Wǒmen méiyǒu kàndào lái de lù, suǒyǐ wǒmen bù zhīdào zěnme huí jiā."

"Méi wèntí," Sūn Wùkōng shuō. "Wǒ zhīdào zěnme dài nǐmen huí jiā. Nǐmen dàjiā dōu bì shàng yǎnjīng, bùyào hàipà."

Qīn'ài de Hóu Wáng! Tā bǎ suǒyǒu bèi yāoguài dàilái de hóuzi dōu fàngzài yúnshàng, yī gè jīn dǒu yún jiù huí dào le Huāguǒ Shān. "Zhāng kāi nǐmen de yǎnjīng," Sūn Wùkōng shuō, "Xiànzài nǐmen dàojiā le!"

他们说："大王走了以后，妖怪来到花果山。这两年，他经常来，带走了我们的一些猴子。你看，这里有一些从我们水帘洞里拿来的石盆和石碗！"

"大家都跟我回家，"孙悟空说。

"大王，"他们说，"我们是和妖怪一起来这里的。我们没有看到来的路，所以我们不知道怎么回家。"

"没问题，"孙悟空说。"我知道怎么带你们回家。你们大家都闭上眼睛，不要害怕。"

亲爱的猴王！他把所有被妖怪带来的猴子都放在云上，一个筋斗云就回到了花果山。"张开你们的眼睛，"孙悟空说，"现在你们到家了！"

Suǒyǒu de hóuzi dōu hěn gāoxìng. Tāmen yòng jiǔ hé shuǐguǒ kāi le yī gè hěn dà de yànhuì. Sūn Wùkōng gàosu le hóuzimen tā zài xi dà zhōu hé nán dà zhōu de nà duàn shíjiān. Tā shuō: "Wǒ cóng zǔshī nàlǐ xuéle hěnduō dōngxi. Xiànzài wǒ kěyǐ chángshēng bùsǐ le. Wǒ xiànzài yǒu yī gè xīn de míngzì."

"Nǐ xīn de xìng shì shénme, dàwáng?"

"Wǒ xìng Sūn."

Suǒyǒu de hóuzi dōu hěn gāoxìng, shuō: "Rúguǒ dàwáng shì Lǎo Sūn, wǒmen jiù dōu shì Xiǎo Sūn. Wǒmen yījiā dōu shì Sūn, yī guódū shì Sūn, wǒmen dōu zhù zài Sūn xìng dòng lǐ!" Tāmen dōu gěi Sūn Wùkōng ná lái le hàochī de shuǐguǒ hé hào jiǔ, tāmen yī gè wǎnshàng dōu zài chànggē tiàowǔ, tāmen shì xìngfú de yījiā.

Wǎn'ān, wǒ qīn'ài de háizi. Wǒ ài nǐ.

所有的猴子都很高兴。他们用酒和水果开了一个很大的宴会。孙悟空告诉了猴子们他在西大洲和南大洲的那段时间。他说："我从祖师那里学了很多东西。现在我可以长生不死了。我现在有一个新的名字。"

"你新的姓是什么，大王？"

"我姓孙。"

所有的猴子都很高兴，说："如果大王是老孙，我们就都是小孙。我们一家都是孙，一国都是孙，我们都住在孙姓洞里！"他们都给孙悟空拿来了好吃的水果和好酒，他们一个晚上都在唱歌跳舞，他们是幸福的一家。

晚安，我亲爱的孩子。我爱你。

THE RISE OF THE MONKEY KING

My dear child, I know that the hour is late. You've been playing all day and you are tired, and now it is bedtime. But you say you want to hear a story before you sleep. So now I will tell you an old story about a monkey. He was very strong and very smart, but sometimes he was also very naughty. He needed to learn about love and helping others.

This monkey lived a thousand years ago in northern China. He had many names during his long life, but most people know him as Sun Wukong.

People tell many stories about Sun Wukong. If I told you all those stories, I would have to talk for many days! So tonight I will just tell you a little bit about his birth and how he became a great king.

In the beginning, when the Earth was young, the gods in Heaven made four continents: the Eastern Continent, the Western Continent, the Southern Continent, and the Northern Continent. The Eastern Continent had a country called Aolai, near a great ocean. In the middle of the ocean was a great mountain that stood in the sea like a king in his palace. It was called Flower Fruit Mountain. Around the mountain was a beautiful forest. In the forest were birds, animals, green grasses, beautiful flowers, and tall fruit trees. A hundred rivers came out of the mountain and flowed to the ocean.

At the top of the mountain sat a very large stone. This

stone was as tall as six tall men. Three large men could not encircle it. The stone was made at the same time as the Earth. For a million years it was fed by seeds of Heaven and Earth. Finally, after a million years, the rock became pregnant. The stone opened and a stone egg came out. The wind blew over it, the egg cracked open, and a small stone monkey walked out.

This monkey was small but he was not a baby monkey. He was like an adult monkey. Every day the little stone monkey played and climbed and ran. All the animals were his friends.

One day the monkey opened his eyes. Two beams of light came out of his eyes and went straight to Heaven. In Heaven the great Jade Emperor saw the beams of light. The people in the palace saw this and were worried. But the Emperor did not worry because he knew that they came from the stone monkey. He smiled and said, "These beams come from a monkey who was born of Heaven and Earth. Don't worry."

The stone monkey lived happily in Flower Fruit Mountain. He played with all the animals who lived in the mountain. For many years he lived an easy life playing with his animal friends.

One day the weather was very hot. The stone monkey was playing in the cold river with his monkey friends. They used small stones to make houses under the water. When they were tired, they swam and washed in the river, and rested on the shore.

One of the monkeys said, "We do not know where this river comes from. Today we have nothing to do. Let's go and find out!"

They walked along the river up the mountain, climbing on rocks, calling to their friends, laughing and playing. After many hours they saw a great waterfall. They sat and watched the waterfall for a long time. In the daytime it looked like a rainbow. In the moonlight it glowed like fire. The nearby green trees drank its cold water.

All the monkeys shouted and clapped their hands. They said, "Marvelous water! Marvelous water! Who can go into the river and see behind the waterfall? He will be our king!"

The stone monkey heard, and he jumped up, shouting "I will go! I will go!" Dear monkey! He closed his eyes and jumped into the waterfall.

Behind the waterfall there was no water. There was just a large room with an iron bridge. He saw that the water flowed under the bridge to the top of the waterfall.

He looked around. He saw that he was in a beautiful cave. It looked like a cozy house, with stone beds, stone chairs, stone bottles, and stone cups. In the cave were many green trees. The stone monkey was very happy. He wanted to tell his friends. So he closed his eyes and jumped through the water and out of the cave.

The monkeys saw him. They asked, "What did you see?" The stone monkey said, "A beautiful place. No water.

Just a large comfortable room with a bridge, and stone beds, stone chairs, stone cups, and stone bottles. We can live there. Let's call it the Water Curtain Cave. Come with me and see!"

"OK," said his friends happily, "you go in first." The stone monkey shouted, "Follow me!"

After all the monkeys were in the room, the stone monkey stood up. He said, "You all said that the monkey who finds this place will be your king. Now make me your king." So each monkey bowed to the stone monkey and said, "You are now my king."

From that day onward, the stone monkey was the king of all the monkeys. He took a new name, Handsome Monkey King. But we will just call him the Monkey King.

The Monkey King and his friends lived in the Water Curtain Cave for a very long time, three or four centuries. Every day they played on the mountain. Every night they slept in the cave. They were all very happy.

One day, while eating, the Monkey King became sad and cried a few tears. The other monkeys asked, "What's wrong?" The Monkey King said, "I am happy now, but I am worried about the days to come." The other monkeys laughed, "You should be happy. We have a wonderful life. We have food, we are safe, we are comfortable. Don't be sad!"

The Monkey King said, "Yes, we are happy today. But

later we must still meet Yama, the King of the Underworld. If we will die later, how can we be happy today?" Then all the monkeys began to think about death, and they all began to cry.

Then one monkey jumped up and cried, "Great Monkey King, do you know, holy sages will never meet Yama, because they live as long as Heaven and Earth."

The Monkey King said, "I did not know that. Where do the holy sages live?"

"They live in ancient caves, but I do not know where."

"No problem. Tomorrow I will go down the mountain and find holy sages. I will learn to be young forever and never meet the King of the Underworld."

All the monkeys clapped their hands and shouted, "Wonderful! Wonderful! Tomorrow we will find lots of fruit, and before you go we will give you a great feast."

The next day the monkeys found many kinds of fruit and flowers. They put the fruit and flowers on the stone tables, they drank from the stone cups, and had a feast. They danced together, and sang about how wonderful it was to be a mountain monkey. For a full day they ate, drank, sang and danced. They all gave gifts to the Monkey King. Afterwards, they slept.

In the morning the monkeys made a small boat for the Monkey King. The Monkey King got into the boat, and used the wind to cross the ocean and go towards the

Southern Continent. He sailed for many days. Finally he reached the shore of the Southern Continent. He jumped off the boat. He saw some people fishing and preparing food. Dear Monkey King! He looked terrifying and the people ran away. But one man was too slow. So the Monkey King took the man's clothes and put them on himself. Now he looked like a man, but a little bit bigger and a little bit uglier.

The Monkey King walked a long way dressed like a man. Every day he looked for holy sages. But he only saw men who liked money and fame. The Monkey King thought, "Too bad! These men all seek money and fame. They all want more than what they have. But they never think about meeting Yama. They are all fools!"

The Monkey King looked and looked. He searched for eight or nine years. Finally he came to the end of the Southern Continent at the Great Western Ocean. He thought, "There must be holy sages living on the other side of this ocean." So he made another small boat. He traveled for many days before arriving on the shore of the Western Continent.

Again he searched for holy sages. He met many frightening animals, but the Monkey King was not afraid.

One day he arrived at a tall and beautiful mountain with a forest of tall trees. He heard the sound of water from many rivers. "Such a beautiful place," he thought, "there must be holy sages living here!"

He walked into the forest. He heard a man singing about his happy and simple life. The man sang,

"I chop wood, I sell the wood.
I buy a little rice, a little wine.
I sleep among the trees,
the ground is my bed.
I rest my head on a tree root.
I laugh easily, I do not worry.
I do not make plans.
My life is simple and happy!"

The Monkey King heard this song, and thought, "Here is a holy sage!" He ran to meet the man and said, "O Immortal One, O Immortal One."

The man jumped back and shouted, "I am just an old man. I have no money, no house, and little clothing. Why do you call me immortal?"

"I heard your song. Your words are the words of an Immortal. Please teach me."

The man laughed, "My friend, I tell you, I learned this song from my neighbor. He told me to sing this song if I was worried or sad. Just now I was worried, so I sang the song. I am no Immortal!"

The Monkey King said, "If your neighbor is an Immortal, why are you still here? You should be studying with him."

"I cannot. My father died and my mother is alone. I

have no brothers or sisters to help her. Now she is very old, so I must stay and help her. I cannot study to become an Immortal."

"I understand, " said the Monkey King, "You are a good man. Please tell me how to find this Immortal's house, so I can visit him."

"It is not far. He lives on the Mountain of Mind and Heart, in the Cave of the Crescent Moon and Three Stars. He has many students. It is seven or eight miles from here. Just walk down this road, you will see it."

"Thank you, " said the Monkey King, "I will not forget you."

So the Monkey King walked down the road seven or eight miles, and arrived at a cave. Above the cave mouth was a large stone. Written on the stone was "*Mountain of Mind and Heart. The Cave of the Crescent Moon and Three Stars.*" The Monkey King was very happy, and he thought, "The people in this region tell the truth. Here is the cave that I seek!" But he did not go into the cave. He climbed a tree and played while he waited.

After a short time, the cave door opened and a handsome young man came out. "Who is making trouble here?" he asked. The Monkey King came down from the tree and said, "Immortal boy, I have come here to learn. I will not make trouble."

The youth laughed, "Do you seek the Way?"

"Yes."

"My Master just started teaching. But before he started teaching, he told me to go and open the door for a new student. You must be that student!"

The Monkey King smiled and said, "Yes, that is me."

"OK, please come with me."

And so the Monkey King and the youth walked into the cave. After walking through many beautiful rooms, they met Master Subodhi. He was teaching a class of about thirty students.

The Monkey King bowed many times, saying, "Master, I am your new student. Please teach me!"

The Master said, "Where are you from? Tell me your name and country."

"Your student is from Water Curtain Cave in Flower Fruit Mountain, in the Aolai Country of the Eastern Continent."

"Leave now!" shouted Master Subodhi. "You are not telling the truth. Between Flower Fruit Mountain and here are two oceans and the entire Eastern Continent. How could you come here?"

The Monkey King bowed many times and replied, "Your student traveled ten years, across land and ocean, to meet this great teacher."

Master Subodhi relaxed and smiled, "I see. What is your surname?"

"I have no temper. If you shout at me, I am not angry. If you hit me, I do not fight. I only say kind words."

"Foolish monkey! I asked about your surname, not your temper!"

"Oh, I am sorry! I have no surname, because I have no parents."

"You were born from a tree?"

"Not a tree, great Master. A rock. On Flower Fruit Mountain."

Master Subodhi was happy when he heard this. "Well, then your parents are Heaven and Earth. Show me how you walk."

The Monkey King got up. He was still dressed like a man but he walked like a monkey. Master Subodhi laughed, "Your walk like a monkey and your face is not beautiful. You resemble a *husun*. So your surname shall be Sun."

"Thank you, Master! Now I know my surname. Now please tell me my personal name."

Master Subodhi said, "In my school we give each student one of twelve possible names. You are in the tenth position, called *wu*, which means 'understanding'. Because you seek to know truth, I will give you the name Wukong."

"Wonderful! Now I am called Sun Wukong. Thank you Master!"

From that day, Sun Wukong studied every day with the Master. He lived in the cave for seven years. One day in the seventh year, Master Subodhi said to Sun Wukong, "In my school there are 360 different paths. Each path leads to wisdom. Which one do you want to learn?"

"I will do as my Master tells me," replied Sun Wukong.

So Master Subodhi told Sun Wukong about each of the 360 different paths in his school. He talked for a long time. Every time Master Subodhi talked about a path, Sun Wukong asked, "If I study this path will I become an Immortal?" Every time, the Master replied "No." And every time, Sun Wukong said, "Then I will not learn that path."

Master Subodhi became angry, and shouted at Sun Wukong, "You are a very difficult monkey. I have told you about many different paths to wisdom but you don't want any of them. You don't want to learn anything." He hit Sun Wukong three times on the head. Then he folded his arms behind his body and walked into his room and closed the door.

The other students heard this and they were angry at Sun Wukong because he made the Master angry. But Sun Wukong was not angry or unhappy. He thought that the Master had told him a secret. Because the Master hit him three times on the head, he thought that meant "wait until the third watch" which starts at 11:00 PM. Because the Master put his arms behind his body, he thought that meant "Enter my room through the back door to receive my teaching."

So that night at the start of the third watch, Sun Wukong walked outside. He walked to the back door. It was open. He walked inside. The Master was sleeping in his bed. Sun Wukong sat down and waited for the Master to wake up.

When the Master woke up, he saw Sun Wukong and smiled, saying, "You are a very difficult monkey. Why are you here?"

"Master, " said Sun Wukong, "yesterday you gave me a secret. You told me to wait until the third watch and then come through the back door to your room. Now I am here. Please teach me the secret of immortality."

So Master Subodhi spoke into Sun Wukong's ear a poem that contained the secret of immortality. Of course I cannot tell you what was in the poem because it is a secret.

Sun Wukong heard the poem, and he said it to himself many times every day. He knew every word of the poem, and he did as the poem told him. He began to learn the secret of immortality.

But after three years, Master Subodhi said to Sun Wukong, "Be careful, my dear student. You have learned the secret of Heaven and Earth, but now you are in great danger. It is true that you will always be young. But five hundred years from now, Heaven will send you thunder. Use your wisdom to avoid the thunder, or you will die. Five hundred years after the thunder, Heaven will send you fire. Use your wisdom to avoid the fire, or you will die. And five hundred years after the fire, Heaven will send you a great wind. It will enter your head and go through your body. Use your wisdom to avoid the wind or you will die."

Sun Wukong was very afraid. His hair stood on end. "Please help me avoid these three things, Master. I will never forget you."

"Don't worry," said the Master. "Nothing in this world is difficult. Only the mind makes it difficult." Then Master Subodhi spoke a secret in Sun Wukong's ear. Sun Wukong listened, and soon he learned how to fly by doing a cloud somersault. He could fly 108,000 miles by doing just one cloud somersault. Now he could avoid the thunder, fire and wind sent by Heaven. He could be immortal.

He stayed with Master Subodhi for a few more years. Then one day the Master said to Sun Wukong, "Today you must leave. You are disturbing the other students."

"Where should I go?" said Sun Wukong sadly.

"Go to your home, wherever you came from." And so sadly, Sun Wukong turned and used the cloud somersault to go away.

He traveled very fast, and just an hour later he arrived back at his home in the cave in Flower Fruit Mountain. He heard the sound of monkeys. "My children, I have arrived, " he said. Soon thousands of monkeys ran and greeted Sun Wukong. They asked, "Why did you go away? We were alone, waiting for your return. Recently a monster was here. He wanted our cave and he kidnapped many of our friends. We were very worried. But now we are happy because our great king has returned."

Sun Wukong was very angry. "Tell me about this lawless monster. I will find him."

"He lives north of here. We do not know how far. He comes like a cloud and goes like the wind."

"Don't worry, I will find him." And Sun Wukong jumped up and used the cloud somersault to travel north until he came to a tall mountain. He saw some small demons and he knew this was the home of the monster. He said to the small demons, "I am the Monkey King of Flower Fruit Mountain. Your king, I don't care to know his name, is causing trouble for my friends. I want to speak with him." The small demons ran into the cave and told the monster, "There is an ugly monkey outside. He says he is a king. He wants to talk with you."

The monster just laughed. "I have often heard these monkeys talk about their king, who is far away studying with great Masters. But the king is never here. Now he has returned, eh?" The monster picked up his scimitar and walked out of the cave and said, "Where is this king of Flower Fruit Mountain?"

"Monster, you have big eyes but you cannot see this old monkey?"

"Old monkey, you are very small. Why do you talk to me like this?"

"You cannot see anything, foolish monster. You say I am small, but I can bring down the moon from Heaven if I want."

Then the monster shouted, and he began to fight with Sun Wukong. They fought for a long time, but the monster used his scimitar and Sun Wukong saw that he was losing. So he pulled a few hairs from his head, chewed them, then spat them out. The hairs became hundreds of small monkeys. The small monkeys helped Sun Wukong fight the monster. After some time, Sun Wukong and the small monkeys won the fight and killed the monster. Then Sun Wukong ate the hairs and the small monkeys returned to Sun Wukong's body.

But some hairs did not return to Sun Wukong's body. These were the kidnapped monkeys. Sun Wukong said to them, "Why are you here?"

They said, "After the Great King went to seek immortality, the monster came to Flower Fruit Mountain. For two years he came often and took some of us away. See? Here are some stone pots and stone bowls from our cave!"

"All of you, follow me home," said Sun Wukong.

"Great King," they said, "when we came here with the monster, we flew with him. We did not see the road, so we do not know how to return home."

"No problem," said Sun Wukong. "I know how to return you home. Close your eyes, all of you, and don't be afraid."

Dear Monkey King! He placed all the kidnapped monkeys on a cloud, and they rode the cloud back to Flower Fruit Mountain. "Open your eyes," said Sun Wukong, "You are home now!"

All the monkeys were very happy. They had a great banquet with wine and fruit. Sun Wukong told the monkeys about his time in the Western Continent and the Southern Continent. He said, "I learned many things from a great Master. Now I am an Immortal. And now our entire family has a new name."

"What is your new surname, Great King?"

"My surname is Sun."

All the monkeys were happy and said "If the great king is Old Sun, then we are all Young Sun. We are the Sun Family, in the Sun Nation, and we all live in the Sun Cave!" They all gave delicious fruits and good wine to Sun Wukong, they sang and danced all night, and they were all a big happy family.

Good night my dear child. I love you.

GLOSSARY

啊	a	O, ah, what
爱	ài	love
安全	ānquán	safety
傲来	Àolái	country of Aolai
吧	ba	(particle indicating assumption or suggestion)
拔	bá	to pull
把	bǎ	(preposition introducing the object of a verb)
八	bā	eight
爸爸	bàba	father
百	bǎi	hundred
白天	báitiān	day, daytime
办法	bànfǎ	method
帮, 帮助	bang, bāngzhù	to help
抱住	bàozhù	to surround
被	bèi	was being
北	běi	north
杯, 杯子	bēi, bēizi	cup
笨	bèn	stupid
避	bì	to avoid
闭	bì	close
比	bǐ	to compare
变	biàn	to change
边	biān	side
变成	biànchéng	to become
别	bié	do not

避开	bìkāi	to avoid
闭上	bìshàng	to shut, to close up
必须	bìxū	have to
不	bù	do not
不想	bùxiǎng	do not want to
彩虹	cǎihóng	rainbow
草	cǎo	grass
唱	chàng	to sing
长	cháng, chǎng	long
长生	chángshēng	longevity
唱着	chàngzhe	singing
成	chéng	to make
成为	chéngwéi	become
吃	chī	to eat
丑	chǒu	ugly
船	chuán	boat
穿	chuān	to wear
床	chuáng	bed
创造	chuàngzào	to create
穿着	chuānzhuó	wearing
吹	chuī	to blow
出来	chūlái	to come out
出生	chūshēng	born
次	cì	times
从	cóng	from
聪明	cōngmíng	clever
大	dà	big
打	dǎ	to hit
大地	dà dì	the earth

大风	dàfēng	great wind
大海	dàhǎi	ocean
带	dài	to carry
大家	dàjiā	everyone
打开	dǎkāi	open up
但	dàn	but
蛋	dàn	egg
当	dāng	when
当然	dāngrán	of course
但是	dànshì	but
担心	dānxīn	to worry
到	dào	to arrive
刀	dāo	knife
道	dào	(measure word)
光	guāng	beam of light
到家	dàojiā	arrive home
打算	dǎsuàn	to intend
地	de	(adverbial particle)
地	dì	ground, earth
得	de	(particle after verb)
得, 得到	dé, dédào	to get
的	de	of
的时侯	de shíhóu	while
的话	dehuà	If
等	děng	to wait
等到	děngdào	to wait until
等着	děngzhe	waiting for
第	dì	(prefix before a number)
第二	dì èr	second

点	diǎn	point, hour
钓鱼	diàoyú	to fish
弟弟	dìdì	little brother
地方	dìfāng	local, place
顶	dǐng	top
地球	dìqiú	earth
地狱	dìyù	hell
洞	dòng	hole
东	dōng	east
动物	dòngwù	animal
东西	dōngxi	thing
都	dōu	all
段	duàn	(measure word)
对	duì	towards, truth
对不起	duìbùqǐ	I am sorry
多	duō	many
多么	duōme	how
读着	dúzhe	reading
二	èr	two
耳	ěr	ear
放	fàng	to put
方	fāng	direction
房间	fángjiān	room
放心	fàngxīn	rest assured
房, 房子	fang, fángzi	house
发着	fāzhe	emitting
非常	fēicháng	very much
飞过	fēiguò	to fly over
风	fēng	wind

附近	fùjìn	nearby
感到	gǎndào	to feel
刚	gāng	just
刚才	gāng cái	just a moment ago
高	gāo	high
告诉	gàosu	to tell
高兴	gāoxìng	happy
个	gè	(measure word)
歌	gē	song
给	gěi	to give
根	gēn	root
根	gēn	(measure word)
跟	gēn	with
更	gèng	more
更	gēng	watch (2-hour period)
宫殿	gōngdiàn	palace
关	guān	to turn off
光	guāng	light
关于	guānyú	about
国	guó	country
过	guò	to pass
果	guǒ	fruit
国王	guó wáng	king
国家	guójiā	country
果树	guǒshù	fruit tree
故事	gùshì	story
还	hái	also
海	hǎi	sea
海边	hǎibiān	seaside

害怕	hàipà	afraid
还是	háishì	still is
海中	hǎizhōng	in the sea
孩子	háizi	child
喊. 喊叫	hǎn, hǎnjiào	shout
喊叫着	hǎnjiàozhe	shouting
喊着	hǎnzhe	shouting
好	hǎo	good
和	hé	and
河	hé	river
喝, 喝着	hē, hēzhe	to drink
河流	héliú	river current
很	hěn	very
很多	hěnduō	a lot of
猴	hóu	monkey
后	hòu	rear
猴王	Hóu Wáng	Monkey King
后门	hòumén	back door
后面	hòumiàn	behind
猴子	hóuzi	monkey
话	huà	words
花	huā	flower
花果山	Huāguǒ Shān	Flower Fruit Mountain
怀孕	huáiyùn	pregnant
欢迎	huānyíng	welcome
回	huí	back
会	huì	will
慧	huì	intelligent
回答	huídá	to reply

回来	huílái	to come back
活	huó	to live
或, 或者	huò, huòzhě	or
火焰	huǒyàn	flame
猢狲	húsūn	ape
极	jí	extremely
极大	jí dà	great
记	jì	to remember
几	jǐ	a few
家	jiā	family
件	jiàn	(measure word)
见	jiàn	to see
简单	jiǎndān	simple
讲	jiǎng	to speak
叫	jiào	to call
教	jiǎo	to teach
姐妹	jiěmèi	sisters
进	jìn	to enter
筋斗云	jīndǒu yún	cloud somersault
经	jīng	through
经常	jīngcháng	often
经过	jīngguò	through
进去	jìnqù	to enter
今天	jīntiān	today
就	jiù	just
九	jiǔ	nine
酒	jiǔ	liquor
就是	jiùshì	that is
嚼	jué	to chew

鞠躬	jūgōng	to bow down
开	kāi	to open
开门	kāimén	open the door
开始	kāishǐ	to start
开心	kāixīn	happy
开着	kāizhe	being open
看	kàn	to look
砍	kǎn	to cut
看到	kàndào	to see
看起来	kànqǐlái	looks like
看见	kànjiàn	to see
看着	kànzhe	to look at
可能	kěnéng	may
可怕	kěpà	terrible
可以	kěyǐ	can
空	kōng	void, emptiness
哭	kū	to cry
块	kuài	(measure word)
快	kuài	fast
快乐	kuàilè	happy
哭着	kūzhe	crying
来	lái	to come
来自	láizì	from
老	lǎo	old
老师	lǎoshī	teacher
了	le	(indicates an action completed)
累	lèi	tired
雷电	léidiàn	lightning
离	lí	from

里	lǐ	(measure word)
脸	liǎn	face
两	liǎng	two
离开	líkāi	to go away
里面	lǐmiàn	inside
灵台方寸	Língtái Fāngcùn	Mountain of Mind and Heart
邻居	línjū	neighbor
六	liù	six
流, 流向	liú, liúxiàng	to flow
礼物	lǐwù	gift
路	lù	road
绿	lǜ	green
吗	ma	(indicates a question)
骂	mà	to scold
妈妈	māmā	mother
麻烦	máfan	trouble
卖	mài	to sell
买	mǎi	to buy
慢	màn	slow
毛发	máofǎ	hair
马上	mǎshàng	immediately
没	méi	no
每	měi	each
美	měi	handsome, beautiful
美猴王	Měi Hóu Wáng	Handsome Monkey King
没问题	méi wèntí	no problem
美丽	měilì	beautiful
每天	měitiān	every day

没有	méiyǒu	don't have
们	men	(plural)
门	mén	door
米	mǐ	rice
面	miàn	side
秘密	mìmì	secret
明白	míngbái	to understand
明天	míngtiān	tomorrow
名	míng	name, fame
名字	míngzì	personal name
木头	mù tou	wood
拿	ná	to take
那	nà	that
哪	nǎ	where
拿起	ná qǐ	to pick up
那个	nàgè	that one
那里	nàlǐ	there
哪里	nǎlǐ	where
那么	nàme	so then
南	nán	south
难	nán	difficult
那些	nàxiē	those
那样	nàyàng	that way
呢	ne	(question particle)
那天	nèitiān	that day
能	néng	can
你	nǐ	you
年	nián	year
年纪	niánjì	age

年轻	niánqīng	young
鸟	niǎo	bird
你们	nǐmen	you (plural)
爬	pá	to climb
怕	pà	afraid
拍手	pāishǒu	to clap hands
跑	pǎo	to run
盆	pén	pot
朋友	péngyǒu	friend
漂亮	piào liang	beautiful
瓶子	píngzi	bottle
瀑布	pùbù	waterfall
菩提	Pútí	Subodhi or Bodhi (name)
起	qǐ	from
七	qī	seven
钱	qián	money
千	qiān	thousand
强大	qiángdà	powerful
桥	qiáo	bridge
起来	qǐlái	up
亲爱的	qīn'ài de	dear
请	qǐng	please
其他	qítā	other
去	qù	to go
让	ràng	to let
然后	ránhòu	then
热	rè	heat
人	rén	person, people
认为	rènwéi	to think

容易	róngyì	easy
如果	rúguǒ	in case
三	sān	three
森林	sēnlín	forest
山	shān	mountain
山顶	shāndǐng	mountain top
山洞	shāndòng	cave
上	shàng	on
上课	shàngkè	go to class
上面	shàngmiàn	above
上去	shàngqù	to go up
上山	shàngshān	up the mountain
上天	shàngtiān	heaven
伤心	shāngxīn	sad
山上	shānshàng	on mountain
生活	shēnghuó	life, to live
生气	shēngqì	angry
圣人	shèngrén	saint, holy sage
声音	shēngyīn	sound
什么	shénme	what
神奇	shénqí	magical
身上	shēnshang	on body
身体	shēntǐ	body
神仙	shénxiān	immortal
十	shí	ten
时	shí	time
石, 石头	shí, shítou	stone
事	shì	thing
是	shì	yes

诗	shī	poem, poetry
是的	shìde	yes
时间	shíjiān	time
世界	shìjiè	world
事情	shìqíng	thing
手	shǒu	hand
首	shǒu	(measure word)
树	shù	tree
书	shū	book
输	shū	to lose
谁	shuí	who
睡	shuì	to sleep
水	shuǐ	water
水果	shuǐguǒ	fruit
睡觉	shuìjiào	to go to bed
水帘洞	Shuǐlián Dòng	Water Curtain Cave
树林	shùlín	forest
树木	shùmù	trees
说	shuō	to say
说过	shuōguò	said
说话	shuōhuà	to speak
说起	shuō qǐ	to speak up
舒适	shūshì	comfortable
四	sì	four
死	sǐ	dead
四周	sìzhōu	around
送	sòng	to give
孙悟空	Sūn Wùkōng	"ape seeking wisdom" (name)

所以	suǒyǐ	and so
所有	suǒyǒu	all
他	tā	he
她	tā	she
它	tā	it
太	tài	too much
淘气	táoqì	naughty
天	tiān	day, sky
天上	tiān shàng	heaven
天地	tiāndì	world
天气	tiānqì	weather
条	tiáo	(measure word)
跳	tiào	to jump
跳出	tiàochū	to jump out
跳舞	tiàowǔ	to dance
铁桥	tiě qiáo	iron bridge
听	tīng	to listen
听到	tīng dào	heard
头	tóu	head
头发	tóufǎ	hair
吐	tShuō qǐǔ	to spit
脱	tuō	to remove (clothing)
外面	wàimiàn	outside
玩	wán	to play
万	wàn	ten thousand
碗	wǎn	bowl
晚	wǎn	late, night
弯	wān	to bend
弯刀	wāndāo	scimitar, machete

晚安	wǎn'ān	good night
王	wáng	king
忘记	wàngjì	forget
晚上	wǎnshàng	at night
玩着	wánzhe	playing
为	wèi	for
位	wèi	(measure word)
为什么	wèishénme	why
危险	wéixiǎn	danger
问	wèn	to ask
我	wǒ	I, me
悟	wù	understanding
舞	wǔ	to dance
无法无天	wúfǎwútiān	lawless
悟空	Wùkōng	seeking wisdom (a name)
西	xi	west
下	xià	under
下来	xiàlái	down
先	xiān	first
像	xiàng	like
向	xiàng	to
想	xiǎng	to miss, to think about
想到	xiǎngdào	think of
鲜花	xiānhuā	fresh flowers
现在	xiànzài	just now
笑	xiào	to laugh
小	xiǎo	small
小河	xiǎohé	small river
小时	xiǎoshí	hour

小心	xiǎoxīn	be careful
笑着	xiàozhe	smiling
写	xiě	to write
谢谢	xièxiè	thank you
斜月三星	Xiéyuè Sānxīng	Crescent Moon and Three Stars
喜欢	xǐhuan	to like
新	xīn	new
姓	xìng	surname
性子	xìngzi	temper
醒来	xǐng lái	to wake up
幸福	xìngfú	happy
兄弟	xiōngdì	brothers
休息	xiūxí	to rest
洗澡	xǐzǎo	to take a bath
许多	xǔduō	a lot of
学	xué	to learn
学会	xuéhuì	to learn
学生	xuéshēng	student
学习	xuéxí	to learn
学校	xuéxiào	school
学着	xuézhe	learning
需要	xūyào	to need
眼睛	yǎnjīng	eye
养育	yǎngyù	nurture
宴会	yànhuì	banquet
阎罗王	Yánluó Wáng	Yama, King of the Underworld
沿	yán	along
要	yào	to want

妖怪	yāoguài	monster
也	yě	also
一点	yī diǎn	a little
一点点	yī diǎn diǎn	a little
一点儿	yī diǎn er	some
以后	yǐ hòu	after
一开始	yī kāishǐ	at the beginning
一直	yī zhí	always
一白	yībǎi	hundred
一边	yībiān	side
一次	yīcì	once
一定	yīdìng	for sure
衣服	yīfú	clothes
一会儿	yīhuǐ'er	for a little while
一家	yījiā	one family
已经	yǐjīng	already
赢	yíng	to win
应该	yīnggāi	should
因为	yīnwèi	because
一起	yīqǐ	together
以前	yǐqián	before
一生	yīshēng	lifetime
意思	yìsi	meaning
一天	yītiān	one day
一下	yīxià	a bit
一些	yīxiē	some
一样	yīyàng	same
椅子	yǐzi	chair
用	yòng	to use

又	yòu	also
有	yǒu	to have
有一天	yǒu yītiān	one day
有点	yǒudiǎn	a little bit
友好	yǒuhǎo	friendly
有力	yǒulì	powerful
有名	yǒumíng	famous
有些	yǒuxiē	some
游泳	yóuyǒng	swim
远	yuǎn	far
月光	yuèguāng	moonlight
月亮	yuèliàng	moon
玉皇大帝	Yùhuáng Dàdì	Jade Emperor
愉快	yúkuài	happy
云	yún	cloud
再	zài	again
在	zài	at
造	zào	to make
早上	zǎoshang	morning
怎么	zěnme	how
怎么了	zěnmeliǎo	what happened
站	zhàn	to stand
张开	zhāng kāi	open
找	zhǎo	to find
着	zhe	(aspect particle)
这	zhè	this
这儿	zhè'er	here
这里	zhèlǐ	here
真	zhēn	true

枕	zhěn	pillow
正在	zhèngzài	(-ing)
真相	zhēnxiàng	the truth
这些	zhèxiē	these
这样	zhèyàng	such
直	zhí	straight
智	zhì	wisdom
智慧	zhìhuì	wisdom
只, 只是	zhǐ, zhǐshi	only
知道	zhīdào	to know
只有	zhǐyǒu	only
种	zhǒng	(measure word)
中	zhōng	in
中国	zhōngguó	China
终于	zhōngyú	at last
洲	zhōu	continent
住	zhù	to live
住在	zhù zài	to live at
准备	zhǔnbèi	ready, prepare
桌, 桌子	zhuō, zhuōzi	table
字	zì	word
自己	zìjǐ	oneself
走	zǒu	to walk
走出	zǒuchū	to go out
走路	zǒulù	to walk down a road
走向	zǒuxiàng	to walk to
最	zuì	most
嘴	zuǐ	mouth
最后	zuìhòu	at last

最近	zuìjìn	recent
做	zuò	do
坐	zuò	to sit
座	zuo	(measure word)
昨天	zuótiān	yesterday
祖师	zǔshī	founder, great teacher

ABOUT THE AUTHORS

Jeff Pepper is a writer, publisher, computer scientist and CEO. He has started and led several successful companies, authored two software related books, and holds three U.S. software patents. In 2017 he started Imagin8 Press to serve English-speaking students of Chinese. In collaboration with Xiao Hui Wang, he has written six books based on the Chinese classic novel *Journey to the West*, as well as *Dao De Jing in Clear English*. He received a B.S. in Mathematics from Carnegie Mellon University, where he taught computer science.

Xiao Hui Wang is a native Chinese speaker born in China. She came to the United States for studies in biomedical neuroscience and medical imaging and has more than 25 years of experience in academic and clinical research. She has been teaching Chinese for more than 10 years, and has extensive experience translating English to Chinese as well as Chinese to English.

29487817R00069

Made in the USA
San Bernardino, CA
15 March 2019